Papírové Polobotky

Paper Shoes

Papírové Polobotky
Pavel Šrut

~

Paper Shoes
Přeložila/Translated by Ema Katrovas

Carnegie Mellon University Press
Pittsburgh 2009

The author and translator wish to acknowledge *Parthenon West Review* in which the following poems from this collection first appeared: "Under the Apple Tree," "Titanic," "Sisyphus," "The Wife of Demosthenes Speaks in Anger," and "The Plaints of Homer's Wife."

Book Design: Kristen Lukiewski, Caitlinn Cork

Library of Congress Control Number 2008924383
ISBN 978-0-88748-500-8 Pbk.

10 9 8 7 6 5 4 3 2 1

INTRODUCTION

The counterculture occurred on both sides of the Iron Curtain, and is best understood, then, as a global phenomenon rather than as a strictly Western one; that is, it is best understood as a response to the vagaries of both Stalinism and late capitalism. It cursed both ideological houses, as it were, though the two countering forces, dissidents east of the Iron Curtain and student radicals, dropouts and their supporters west of it, were in asymmetrical relationship. For one thing, dissidents at least attempted to understand their complex, in some respects paradoxical kinship with Western counterculture, and the rioters in Chicago and Paris, the revelers at Woodstock, largely did not reciprocate. Dissidents in Russia, Poland, Hungary, Romania, Czechoslovakia and, later, on Tiananmen Square, could not afford the luxury of that self-satisfied narcissism driving the worst impulses of Western counterculture.

Much of the pre-1989 underground art and literature we in the West have by turns romanticized and ignored, especially that which was disseminated within that clandestine and makeshift network called *samizdat*, should be considered in terms of the relation between the two countercultures.

Pavel Šrut was, and remains, a counterculture artist, a term which seems redundant to Western ears more used to the moniker "dissident" when referring to anti-communist intellectuals behind the Iron Curtain, and otherwise assuming artists charmingly, even quaintly oppositional by nature. More or less serious art, we assume, cannot afford to be sanctioned officially in either a totalitarian or commercial cultural context. Šrut was both tender and menacing toward the quotidian expectations of the silent majority of Czechs

before 1989, and remains so today. He is a lyric poet of abundant
humanity, abundant compassion, but it is compassion leavened by
a pervasive irony, a quintessentially Czech irony, which is to say the
irony of Hašek's Good Soldier Švejk, a quality that, I would argue, is
akin to the atmospherics of Franz Kafka's fictions.

Most Czechs would find these coordinates more than a little
odd, if only because Jan Hašek is one of the defining figures of
Czech-language literature, and Franz Kafka of course one of the
major figures of world literature who wrote exclusively in German,
the language and authority in opposition to which all things Czech
exist. Czechs, Praguers in particular, have a tenuous relation to
Kafka; they will sell t-shirts and coffee mugs graced by his iconic
image, and will proudly mark, in English, his several Prague
residences; indeed, there are not one, but two Kafka museums in
Prague. But few Czechs claim him as a Czech writer.

Both Hašek and Kafka, however, were children of empire,
and, though Kafka wrote in German (he spoke and wrote fairly
good Czech), as a Jew, one whose adulthood was defined by, among
other things, a growing pride in and love of things Jewish, he was no
less cognizant than the giants of Czech-language literature—Karel
Čapek, Jan Hašek, Jan Neruda among them—of the arrogance of
empire. Hašek's Švejk embodies a classic strategy for confounding
that arrogance: ironic incompetence. By contrast, Kafka's grotesque
parables hold at their centers beings so helpless in the thrall of
bureaucratic authority, or its proxy, an authority so arrogant as to
have slipped into utter madness, that even Švejk's brilliant strategy is
useless.

Pavel Šrut's fractured lyrics are often themselves fractured
parables about the individual's relation to authority, whether that
authority be the state, a colonizing power, the court of public
opinion, a dubious beloved, or history itself. In some of his poems,
the wives of Great Men have the last, often hilarious, word on
their husbands' accomplishments, and in others a poor Everyman
schmuck named Novak—the Czech equivalent of Smith, though even
more suggestive of ordinariness—bumps his head, again and again,
on the iron question mark at the heart of existence. In a brief lyric

about Šrut's nineteen-fifties childhood, Stalin's statue becomes the great bird of prey that daily pecks out the liver of his Promethean father, who, lying in a hospital bed for treatment of a liver no doubt degraded by drink, peruses his son's report card.

Myth, legend, history, received wisdom, in Srut's lyrics run a gauntlet of Švejk's slapstick irony of action (Švjek is a fount of verbal irony, but it is what he does and doesn't do that most confounds the Hapsburg agenda), and Kafka's grotesque irony of stasis, a condition in which an artist may be someone who willingly starves in a cage, a man awakens as a cockroach and so must not leave his room, and in which a person may progress through a legal system that takes him absolutely nowhere. Šrut's lyrics come out the other end of that gauntlet not so much chastened as fortified. Pavel Šrut is, in my humble opinion, a world-class poet.

Pavel Šrut's translator in this volume, Ema Katrovas, was born nine months and a few days after the demonstrable beginning of Prague's Velvet Revolution. Regarding this project, she from time to time elicited the opinion of her Czech mother, an interpreter/ translator who earned a Ph.D. in Comparative Linguistics and Literature from Charles University in Prague, and from her English-professor and writer father, but not very often. Bringing Pavel Šrut's wise and wonderful poems into English was her labor of love for three years. As I told Pavel recently in a letter, I feel that he has, through his poems, played an important role in raising my Czech-American daughter.

Richard Katrovas

Obsah/Contents
Papírové Polobotky/Paper Shoes

Jakési Dětství · A Kind of Childhood

Jakási Dospělost · A Kind of Adulthood

Jakési dětství/A Kind of Childhood

Měsíční sonda

N. na oběžné dráze
pod N.–ová

Vichr vane vichr vane

Na plotně jídlo na sobotu
páteční jídlo s láskou ohřívané

Vichr vane vichr vane

N. na oběžné dráze
nad N.–ová

Vichr vane vichr vane

Pro krůpěj milostného potu
k Luně vyslaní pozemšťané

Moon Probe

Mr. Novak is orbiting
Mrs. Novak under him

The wind croons the wind croons

On the stove Saturday's lunch
Friday's dinner warmed with love

The wind croons the wind croons

Mr. Novak is orbiting
Mrs. Novak under him

The wind croons the wind croons

For a drop of amorous sweat
earthlings sent to the moon

Rodiče

Zcela holohlavý
na nebeském stolci
Bůh z nekonečné výšky
hledí do moře
jako do talíře polívky

A dole
    dole
        na stoličce

věčně zahloubaný
prstem v nose
hlavou v oblacích
            ten náš

Hledí do polívky
jako do moře

Zcela holohlavý
na nebeském stolci
Bůh nekonečné náhody
na pospas větru
vytrhne si vlas

A dole
    dole
        dole
            nad talířem
                ten náš

Padne-li vlas do polívky
bude Mesiáš

Parents

Completely bald
on a heavenly stool
God from endless heights
peers into the sea
as into a bowl of soup

And down
        down
                on a stool

eternally thoughtful
finger up his nose
head in the sky
                our little one

Peers into his soup
as into the sea

Completely bald
on a heavenly stool
God of endless chance
at the wind's mercy
plucks out a hair

And down
        down
                down
                    above his bowl
                            our little one

If the hair falls into the soup
there will be a Messiah

Synek

Polomrtví rodiče
když se jim poštěstí
ochrání jediného synka
před spatřením mrtvého
a pak pustí synka do světa
kde hloupou náhodou
potká živého

A hned to doma užasle vyklopí

Avšak polomrtví rodiče
když se jim poštěstí
ochrání jediného synka
před vzpomínkou na živého
a pak pustí synka do světa
kde hloupou náhodou
potká sebe mrtvého

Ale doma už o tom ani necekne

A tak mrtvý synek
s trochou lsti
ochrání své jediné rodiče
před smutnou zprávou
a když se mu poštěstí
potká polomrtvou ženu
která mu hloupou náhodou
povije jediného synka
A vše znova

Little Son

Half-dead parents
if they're lucky
manage to keep an only son
from spotting a dead man
then let their son into the world
where by stupid chance
he meets a living man

And he wastes no time to tell this news at home

But half-dead parents
if they're lucky
save their only son
from memories of the living man
then let their son into the world
where by stupid chance
he meets himself dead

But at home he won't say a word of it

And so the dead son
with a little deceit
will save his only parents from the sad news
and if he's lucky
he will meet a half-dead woman
who will by stupid chance
weave him an only son
And so on and so on

Rodiče a děti

Rodiče s nechtěnými dětmi
nepotkáte na nedělní ranní procházce
ba ani odpoledne
když slunce křivě na obloze dřepí

Zato když se setmí
vylejzají z paneláků
a po obloze rozhazují střepy
děti nechtěných rodičů

Parents and Children

You will not meet
parents with unwanted children
on Sunday morning walks
or afternoons when the sun stoops crooked in the sky

But when darkness falls
out of buildings creep
and throw shattered glass into the sky
the children of unwanted parents

Houpací kůň

Byly i šťastné chvíle:
když v rokli na divoké skládce
zaslechl křik houpacího koně

Když si ho ochočil
když ho vyvedl na louku
když se houpal v sedle
a krajina kolem stála

Byl to šťastný čas
a tvrdím že by neskončil
kdyby N.
nespustil nohy z dřevěných třmínků

The Rocking Horse

There were happy moments, too:
When in a valley in nature's junkyard
He heard the cry of a rocking horse

When he tamed it
When he led it onto a meadow
When he rocked in its saddle
and the land around stood still

It was a happy time
And I insist it would not have ended
If Novak
Had not lifted his feet from the wooden stirrups

Příběh slasti

Maminky nebraňte svým chlapečkům
když potmě hrají si
s blikavou lucerničkou

Vždyť příběh slasti
je tak krátký:

ze tmy do světla
ze světla do tmy
tam a zpátky

The Story of Lust

Mothers, don't keep your little boys
from playing in the dark
with a flickering flashlight

For the story of lust
is so simple:

from dark to light
from light to dark
back and forth

Titanic

Samota v dětství byla úplná
    vyprávěl by mi N. kdyby byl
    uměl vyprávět
Zvlášť v plném létě a v kuchyni
plné much
Stačilo posunout ruku po stole
a měl jsem jich hrst
plnou hrst tak líných much
že se daly do zápasu o život
teprve když jsem je zbavil
chatrných křidýlek
a vypustil je na hladinu
vody v plechovém umyvadle

Rázem se proměnily v kolesové parníčky
a rozvířily oceán tak náruživě
tak úplně a zoufale a šťastně
jako by říkaly:

„Oh yes
teď k úplnosti
nic kromě zkázy
nám už neschází!"

Titanic

Childhood was completely lonely
    Novak would tell me if he could
    tell stories
Especially in full summer in the kitchen
full of flies
It was enough to move my hand on the table
and I had a hand full of them
a handful of flies so lazy
they started fighting for life
only when I rid them of
their brittle wings
and let them out on the surface
of the water in an iron sink

Right away they changed into paddle wheel steam boats
and stirred the ocean so wildly
so completely and hopelessly and happily
as if to say

"Oh yes
now we require only doom
to complete us"

Pohádka o první cestě

Jednou se malý N. vydal na velikou cestu

Postupoval po kolenou
shrbený jako krejčík pod klenbou lůna
a tmy ubývalo
            na úkor záře
ubývalo záře
            na úkor jasu
ubývalo hukotu vod
            na úkor šelestu křídel
ubývalo šelestu
            na úkor zpěvu
ubývalo zpěvu
            na úkor ticha

ale pak ho nějací lidé
pokládající nějaké potrubí
v polích na konci vsi
objevili
uvnitř oslněného tmou
            ohlušeného tichem
            bezvládného lehkostí

a přivedli ho k nijakému životu
nějakého Nováka

The Story of the First Quest

Once little Novak set out on a great journey

He moved on his knees
Crouched like a tailor sewing
a shroud for a journey
and the darkness grew less
                because of the shine
and the shine grew less
                because of the glare
and the hum of water grew less
                because of the rustle of wings
and the rustle grew less
                because of the singing
and the singing grew less
                because of the quiet

but then some people
who were installing pipes
in fields at the end of a little town
found him
inside blinded by darkness
        deafened by quiet
        will-less by lightness

and brought him to some sort of life
some kind of Novak

V kině Čas

Bylo mu patnáct
a po plátně šel průvod stínů
–jen čerň a běl–
když poprvé smočil prsty
v křtitelnici
jakési N.

Neviděl její obličej
ale čas znachověl

Když vyšel ven
ulicí táhl průvod
těl

Neviděl obličeje

jen tušil děj

In the Cinema Time

He was fifteen
and on the screen passed parades of shadows
–just black and white–
when first he dipped his fingers
in the holy fount
of some Miss Novak

He did not see her face
but time flushed

When he walked out
through streets strode
parades of bodies

He saw no faces

only guessed at the plot

Pohádka plná náhod

Když si N. poprvé
přivedl domů dívku
vklouzla za nimi náhoda

Když dívka náhodou
vešla do ložnice
otloukala se o stěnu vlaštovka

Když její černé pírko náhodou
svým pádem probudilo tmu
procitla na polštáři kočka

Když dívka náhodou
zavadila o noční lampu
zprůsvitněla jako můra

Když vlaštovka
spatřila můru
když kočka
spatřila vlaštovku

náhoda
se vytratila
a když
vydechlo: už
Náhodou právě ve chvíli
kdy
do bytu vtrhlo kdyby
a chovalo se tu jako doma

A Story Full of Chance

When Novak
first brought a girl home
chance slipped in after them

When the girl by chance
walked into the bedroom
a swallow was drumming against the wall

When its black feather
awoke the darkness with its falling
the cat came to life on the pillow

When the girl by chance
bumped into a lamp
she became see-through like a moth

When the swallow
spotted the moth
when the cat
spotted the swallow

chance
disappeared
and everything
exhaled: Now
by chance the moment
when
in plunged If
and made himself at home

Spolužáci po létech nad třídní fotografií

Vzpomeň si
tam uprostřed ten
jak se jen?

Takový jako rozostřený
vždycky tak nějak
splýval s okolím

Vzpomínáš?

Jednou skočil z mostu do řeky
aby se ukázal
a už se neukázal

Novák?

Old Schoolmates Examine a Class Photo

Remember
that one in the middle he–
what was his . . . ?

He was kind of bland
he always kind of
blended in

Remember?

Once he jumped from a bridge into the river
to show off
but he never showed up again

Novak?

Jakási Dospělost/A Kind of Adulthood

Ticho

Jako před sedmým dnem
takové ticho
jako den poté

Ani hlásek
ani trylek
pro natožpak proti

Jen v roští Novák
nebo pták
troufale zašramotí

Quiet

As before the seventh day
a quiet
like the day after

Not a voice
not a trill
in favor or opposed

Only in the hedges a Novak
or a bird
daringly rustles

Autoportrét akvarelem

Jakési město
uvnitř města
jakýsi dům
uvnitř domu
jakási hlava
uvnitř hlavy
déšť
uvnitř deště
nic

Jakési nic

Self-Portrait in Watercolor

There's kind of a city
in a city
kind of a house
in a house
kind of a head
in a head
rain
inside rain
nothing

There's kind of a nothing

Zrcadla

Když otevře okno
slyší tající zpěv koček
za mrazivých nocí
Naříkají jako nemluvňata

Když zavře okno
slyší mrazivý zpěv koček
za tajících nocí
Naříkají jako staré ženy

Když se obrátí k oknu zády
zaslechne: Teprve až budeš umět
správně rozestavět zrcadla
budeš ty vskutku ty

Mirrors

When he opens the window
he hears the melting song of cats
on frosty nights
they scream like infants

When he closes the window
he hears the frosty song of cats
on melting nights
they yell like old women

When he turns his back to the window
he overhears: Only when you know how to
position the mirrors correctly
will you truly be yourself

Potomek Ikarův

V parném létě
mrazem se choulí
v zimě nás obtěžuje jeho pot

Ale
dejte mu pevný bod
a pohne zeměkoulí

Novák je on the road

a marnost světa měří
lakmusem
svých papírových bot

Ale
dejte mu pevný bod
a pohne tou svou koulí

na noze

Dejte mu pevný bod
a on se odrazí
a vzlétne

k obloze

The Progeny of Icarus

In scalding summer
he shivers with cold
in winter we are bothered by his sweat

But
give him a place to stand
and he will move the world

Novak is On the Road

He measures world vanity
with the litmus
of his paper shoes

But
give him a place to stand
and he will move that ball

and chain

Give him a place to stand
and he will push off
and take flight

Jiná pohádka o veliké cestě

Kudy N. chodil, tudy hledal
 nějakou cestu.
„Nehledej cestu, hledej cíl,"
řekl mu člověk.
„Nehledej cíl, najdi spočinutí,"
řekl kámen.
„Nehledej cíl, hledej prostor,"
řekl vítr.
A přiletěli divocí ptáci, kteří
odlétají a vracejí se, i ti,
kteří odlétají a nevracejí se,
a volali shora:
„Cíl je cesta!"
„Nevěř jim," pokřikovali zdola
domácí ptáci, kteří jsou rozvážní
a proto chodí v prachu.
„Cíl je to místo, kde právě stojíš!"
„Ano?" radoval se N. po tolikém putování.
Ale neraduj se," řekli ti pěší ptáci,
„každý přece ví, že my máme křídla."
a roztáhli peroutky a zvedl se vítr a. . .
„A ty se taky pakuj," řekl vítr.
„Tvůj cíl tě očekává, kdes jej opustil,"

Od té doby, kudy chodí náš N.,
tudy dumá, kde a jaký cíl to opustil,
a je čím dál opuštěnější.

Another Story of the Great Quest

Wherever Novak went
he looked for a way
"Don't look for a way look for a destination"
a human told him
"Don't look for a destination look for a resting place"
said a rock
"Don't look for a destination look for space"
said the wind
And birds flew by
that fly away and return
or that fly away and don't return
and cried from above
"The destination is the way!"
"Don't believe them" continued from below
the yard birds, that are thoughtful
and so must walk in dust
"The destination is the place where you stand"
"Really?" Novak said happily after such a journey
"But don't be happy" said the ground birds
"Everyone knows we have wings"
And they unfolded their feathers and the wind rose and . . .
"And you get going too" said the wind
"Your destination awaits you where you abandoned it"

And from that day on, wherever Novak goes
he wonders where and what destination he abandoned
and day after day he's more abandoned

Mstitel N.

Po odvrácené straně ulice
zprudka a odhodlaně
jako pochroumaný pták
mstitel N. jde

jenže za rohem
počíhá si na něho
buď

slepý mládenec
ožralá kartářka
anebo jeho horší

či lepší já
co courá se jen tak
prázdně a bez cíle
po sluneční straně ulice

a za rohem
nastaví mu nohu
jako včera nebo pozítří
buď jak buď

Novak the Avenger

On the shady side of the street
sharply and single-mindedly
like a ruffled bird
walks the avenger Novak

but behind the corner
there will wait for him
either

a blind seer
a drunken fortune teller
or his worst

or better self
that drags its feet
vacantly and aimlessly
on the sunny side of the street

and behind the corner
it will put out its leg to trip him
like yesterday or the day after tomorrow
one way or another

Žádná metafora

V dospělosti se mu vracel
sen z dětství
Byl to tak živý sen
že se probouzel mrtvý
všechno maso vyrvané rozkoší
jen žeberní klec
z něho zbyla

Sen o té ženě
s obrovskými ústy
uprostřed

No Metaphor

In adulthood
a childhood dream returned to him
So life-like
he would wake up dead
all flesh torn out with pleasure
so only a rib cage
remained

A dream about the woman
with the large lips
in the middle

Venuše
1. Setkání

Životy končí
dávno před smrtí
ale jsou dny
zvláště u moře
kdy tlukot srdce
je tak chtivý
a křik racků
tak nakažlivý
že N. vystoupí z písku
vstříc Venuši vystoupivší z pěny
oba vypadají i po smrti
trochu jako živí

a vše znova

VENUS
1: The Meeting

Lives end
long before death
but there are days
especially at the sea
when the heart beats
so longingly
and seagulls cry
so imposingly
that Novak steps out from the sand
to greet Venus stepping out from the foam
both look after death
a little like the living

And so all over again

Venuše
2. Sblížení

N. potkal nezapomenutelnou ženu
Její krása ho oslepila

N. se dotkl krásné nezapomenutelné ženy
Její krása mu uťala ruce

Sedm nezapomenutelných nocí
líhal N. s krásnou ženou

Ona se zaťatými hýžděmi
On s údem v uťaté ruce

Byly to nezapomenutelné chvíle
zapomenutého času

VENUS
2: The Bonding

Novak met an unforgettable woman
Her beauty blinded him

Novak touched the unforgettably beautiful woman
Her beauty severed his hands

Seven unforgettable nights
Novak slept with the beautiful woman

She with clenched buttocks
He with his member clenched in a severed hand

They were unforgettable moments
of a forgotten time

VENUŠE
3. Oddálení

Tak touží po té bezruké
po jejím objetí
tak touží po té nestvůře
po jejím prádle řvoucím na šňůře
že ze sna šeptá do ticha
a k prostěradlu přisychá
tak touží po té bezruké
tak touží po té nestvůře

3: A Distancing

He so longs for that handless one
he so longs for her embrace
he so longs for that beast
for her garments roaring on the line
that from sleep he whispers into silence
and sticks to his sheets
he so longs for that handless one
he so longs for that beast

Venuše
4. Happy End

Všude ji hledal a když ji našel
přišel o všechno

Začala se mu ztrácet v mlhách Atlantidy
přišel o zrak

Tápal po její nepřítomnosti v ledu Himalájí
přišel o hmat

Vdechoval její vůni v aztéckých dolech
přišel o čich

Jazykem hledal její vláhu v nubijských pouštích
přišel o chuť

Vyřvával její jméno v Akropoli
přišel o sluch

Připravila ho o všechno
kromě rozumu

Vrátil se domů
jako rozumný Novák

A vše znova

Venus
4: Happy End

He looked for her everywhere
and lost everything

She started disappearing in the mists of Atlantis
he lost his sight

He fumbled for her absence in the ice of the Himalayas
he lost his touch

He inhaled her perfume in the Aztec mines
he lost his smell

With his tongue he searched for her water in the Nubian desert
he lost his taste

He yelled her name in the Acropolis
he lost his hearing

She robbed him of everything
but his good sense

He returned home
A sensible Novak

Et cetera

5. Po létech

Není nic odpornějšího
než letmý polibek na rozloučenou
odhozený v posledním dešti
na poslední stanici
posledního autobusu
v posledním městě
poslední láskou
Není nic hloupějšího
než o tom napsat báseň

(Uvědomil si N. po létech)

VENUS
5: Years Later

There's nothing more disgusting
than a hurried kiss goodbye
thrown in the last rain
of the last stop
of the last bus
in the last city
with your last love
There's nothing more stupid
than to write a poem about it

(Novak realizes years later)

Žalozpěv nad botami

Z kolika věrných bot
jsme vyrostli
kolik jsme jich opustili
kolik prochodili
kolik odhodili—
                    kde jsou?

Hledají nás po necestách
nabírají kamínky a vodu
šlapou si na tkaničky
zakopávají o kořeny
padají do strží
požírají se navzájem
nebo se páří
zdivočele a bez touhy
sudé s lichými
levé s pravými
a když je po všem
kožené zatouží po kostech
po mase a po krvi
dřevěné po lese
po ptácích a veverkách
a papírové po tobě
papírové po mně—

                    kde jsme?

Threnody for Shoes

How many faithful shoes
have we grown out of
how many have we forgotten
or worn out
and cast away

           where are they?

They look for us on roads not taken
scooping up pebbles and water
stepping on their laces
tripping over roots
falling into ditches
they devour each other
or mate
wild and without passion
even ones with uneven ones
right ones with left ones
and when it's over
leather ones long for bones
for meat and blood
wooden ones for the forest
for birds and squirrels
and paper ones for you
paper ones for me—

           where are we?

Jakási Smrt/A Kind of Death

Jsme tak samy

Tak nahé
tak nenaplněné

Jednoho jarního dne snad
neznámý krásný N.
stane za dveřmi
a my se mu otevřeme
a pryč
pryč ze skříně
někam mezi stromy
pověsit se na první větvi

slyšela N. uprostřed zimy šeptat
své letní šaty na ramínku

We're So Alone

So naked
so unfulfilled

But one spring day
the unknown beautiful Novak
will open the door
and we will open to him
and away
away from the closet we'll go
somewhere among the trees
to hang ourselves on the first branch

Mrs. Novak heard in the dead of winter
the whisper of her spring dress on a hanger

Sisyfos
(Rudovi Matysovi)

Z terasy horského hotelu je pěkná vyhlídka
Už se blíží N.
Jde to s ním s kopce
Od desítí k pěti
ale jsou chvíle

Jsou chvíle naprostého bezvětří
kdy obzor se rozklene a on ví vše
o lehkosti balvanů a tíze babího léta
i nenasytné jízlivosti bohů

Zkuste palcem a ukazováčkem
přenášet horu cigaretového popele
či po ní stoupat za láskou nebo smrtelností

Jen tak se dozví
že nežil sám

od pěti k jedné

Sisyphus
(for Rudolf Matys)

There's a nice view from the terrace of a mountain hotel
Here comes Novak
He has gone down hill
From bad to worse
But there are moments

There are moments of utter windlessness
when the horizon domes and he knows everything
about the lightness of rocks and the weightiness of Indian
            summer
even the gluttonous arrogance of gods

Try with your thumb and forefinger
to transport a mountain of cigarette ash
or climb it in search of love or mortality

Only this way will he know
that he didn't live alone

from worse to worst

Pod jabloní

V létě sedával N. pod jabloní
a oddával se podzimu

Ráno slunce dralo se listovím
večer tma se listovím nedrala

Někdy si přivstal a padla mlha
někdy si přivstal a mlha stoupala

Někdy mu na hlavu padlo zralé jablko
někdy ho jablko minulo nebo bylo nezralé

Celá léta se N. z těch úkazů
snažil vyvodit něco prospěšného

Když ne pro sebe
alespoň pro lidstvo

Under the Apple Tree

In summer Novak would sit under the apple tree
yielding to fall

Morning sunlight rummaged through the leaves
evening dark did not rummage through the leaves

Sometimes he woke early and the fog lifted
sometimes he woke early and the fog descended

Sometimes a ripe apple fell on his head
sometimes the apple missed his head or wasn't ripe

For years Novak attempted to draw from such phenomena
a useful conclusion

If not for himself
at least for humankind

Až až

N. suchozemec si postavil dům
Byl to vratký dům
ale stál na pevné zemi

N. mořeplavec si postavil loď
Byla to pevná loď
ale stála na vratkém moři

Na báseň je to málo
Na přemýšlení až až

Enough

Novak the land dweller built a house;
It was an unsteady house
But it was built on firm land

Novak the sea dweller built a boat;
It was a firm boat
But it was built on an unsteady sea

It's too little for a poem
But enough for pondering

Pohádka o zatmění slunce

A zatmělo se slunce a vpád tmy
vyhnal lidi od nedělního oběda

Každý pozvedl co měl právě v ruce
sekeru vidličku nůž
aby zabíjel
nebo se bránil

Tak N. zůstal u stolu sám
bez manželky sekery
bez dcery vidličky
bez syna nože

Ještě tam sedí
v naprosté polední tmě

Učí se dýchat
tajně a zlehounka
aby nezvířil prach
v opuštěné místnosti

Story of an Eclipse

And the sun dimmed
and the lunge of darkness
scared people away from Sunday lunch

Everyone lifted what was in his hand
an ax a fork a knife
to kill
or defend himself

So Novak stayed at the table alone
without a wife the ax
without a daughter the fork
without a son the knife

He still sits there
in the utter darkness of noon

He's learning to breathe
discreetly and deeply
so as not to raise the dust
in the abandoned room

Noe: kvíz

Slunce na nebi vybuchuje
Nebe se o moře tříští
Ptáci se hrdlí o rybku
Moře požírá pevninu
A co N.?

1. Smetla ho potopa
       právě když dostavěl
       koráb v láhvi
2. Nevšímá si potopy
       dál spravedlivou rukou
       staví koráb v láhvi
3. Potopa ho minula
       jediného spravedlivého
       s láhví plnou sirek

Noah: A Quiz

The sun explodes in the sky
Or shatters itself on the sea
Birds kill for little fish
The sea devours the land
And Novak?

A) The flood claimed him
        just when he finished
        a ship in a bottle
B) He pays no attention to the flood
        he continues to build with a just hand
        a ship in a bottle
C) The flood missed him
        the only just man
        with a bottle full of matches

Na okamžik

N. v dětství pozoroval míjející vlaky
hádal z prokmitávajících tváří
které v hrozivé tmě mizely

Na okamžik šťasten

Později pozoroval míjející ženy
hádal z prokmitávajících tváří
které ve slastné tmě mizely

Na okamžik živ

Nakonec pozoroval své míjející dny
a když zjistil že ani tma
že ani tma není bez konce
zvrátil hlavu ke svítající obloze

Na okamžik mrtev

For a Moment

Novak watched passing trains in childhood
he divined from the flickering faces
vanishing into the frightening darkness

For a moment happy

Later he watched passing women
he divined from the flickering faces
vanishing into the lustful darkness

For a moment alive

In the end he watched his passing days
and when he realized that not even darkness
not even darkness is without an end
he let his head turn towards the dawning sky

For a moment dead

Král dětských her

Nikdy ho nenašli
Všichni s kterými si hrával
na schovávanou
vesměs nešťastně zemřeli

Šťasten ve svém úkrytu
král dětských her
sám také bez pochyby umře
Ale šťasten

Žádná pravda už mu smrt neztrpčí
Nikdo mu neřekne na rozloučenou
Nováku ty vole
my jsme tě přece nikdy nehledali

The King of Child's Play

They never found him
Everyone with whom he played
hide and seek
died an unhappy death

Happy in his hiding place
the king of child's play
will undoubtedly die too
But happily

No truth will make his death unhappy now
No one will tell him Goodbye,
Novak, you idiot,
we never looked for you

Pohádka o veliké škumpě

Byl jeden
za domem bujela mu škumpa

Přišla žena popadla kosu
přišel syn popadl rýč

Na škumpu vyzráli
ale na smrt byli krátcí

Byl jeden

Pochoval ženu a kosu
pochoval syna a rýč

Nad smrtí vyzrál
ale na škumpu byl krátký

Byl jeden N.
za domem bujela mu škumpa

Story of the Great Sumac Tree

There was a man
A sumac grew rampant behind his house

His wife came and grabbed an ax
His son came and grabbed a shovel

They overcame the sumac
But not death

There was a man

He buried his wife and ax
He buried his son and shovel

He overcame death
But not the sumac

There was a Novak
A sumac grew rampant behind his house

Pohádka o poslední cestě

Naposledy se rozhlédl po rodné vsi
a pak
        sešil si oční víčka
        ve veselé klapky
        sešil si koutky úst
        do úsměvné grimasy
        sešil si nosní otvory
        ve šprýmovnou štěrbinu
        podvázal ušní boltce
        do legračních trychtýřků
        podvázal pohlaví
        do žertovného klubka
        a s rukama zašitýma do kapes
oproštěn
od matoucích obrazů
matoucí řeči
matoucích vůní
matoucích písní
matoucích doteků
a matoucí žádostivosti
vydal se N. hledat
dřevěného koně

Story of the Last Quest

For the last time he looked around his native countryside
and then
sewed together his eyelids
into funny flaps
      sewed the corners of his mouth
      into a smiling grimace
      sewed his nostrils
      into a joking crack
      tied his ears
      into humorous funnels
      tied up his sex
      into a comical ball
      and with hands sewn into his pockets
      rid of
      confusing views
      confusing tongues
      confusing smells
      confusing songs
      confusing touches
      confusing ambitions
Novak set out in search
of a wooden horse

Pohádka o poslední cestě II

Rád bych o něm i o sobě
pověděl víc ale proč mluvit
o smrti která je

To raději o životě který nebyl
ač nechybělo odhodlání
projít v papírových polobotkách
vodou i ohněm

Story of the Last Quest II

I would like to say more
about him and me but why talk about
death which is

When its better to talk about a life which wasn't
though there was no lack of determination
to walk in paper shoes
through water and fire

Eden

Když se holíš břitvou
pod ohryzkem
kolik Nováků
vidíš v zrcadle?
            zeptala se Eva
            Odpověděl Adam

Obraz ze zrcadla
lze odkrojit jedním tahem
jako slupku z jablka
Našeptal mi to
            zarazil se

A vskutku
slupka tváře ze zrcadla
odpadla
a stočila se v trávě
jako

Eva k tomu svitku přiklekla
právě když vešel
té zahrady Pán
            Ostatní znáte

Co zbývá je odvaha
konečně zveřejnit
hadovu verzi příběhu

Eden

When you shave
under your Adam's apple
how many Novaks
do you see in the mirror?
            Eve asked
            Adam replied

You can slice off a mirror's image
with one stroke
like the skin of an apple
He whispered to me . . .
            stopping abruptly

And really
the face peeled from the mirror
and fell away
and curled up in the grass
like . . .

And Eve knelt beside the furl
right when the Lord of the garden
arrived
            You know the rest

What remains is the courage
finally to publish
the snake's version of the story

Pohádka na konec

Smrt chodí po horách
a shlíží do údolí

Oběť si vybírá
nebere kohokoli

Ke konci N. už ví
že jemu nezlomí vaz o pelest

Vždyť smrt je vyhražena živým
a v tom je jeho lest

The Ending Story

Death walks in the mountains
and looks down into the valley

She picks her victims
she does not take just anyone

But towards the end Novak knows
that Death will not break his neck on the bedpost

For Death is for the living
and that is Novak's lie

Výběr Samizdatu/Samizdat Sampler

Stalinův pomník: momentka z roku 1956

Žulový orel snesl se na sokl
Den po dni
Bdí nad Prahou aby snad ani kamínek
Z té sochy v příštích deštích nezmokl
A pod ním
Přikován k posteli
V městském špitále Na Františku
S rozklovanými játry tatínek
Pročítá mou žákovskou knížku

Stalin's Monument: Snapshot from 1956

A limestone eagle lands on a pedestal
Day after day
It watches over Prague so that not a pebble
From the statue should soak in the next rain
And under Him
Chained to his bed
In the Frantisek City Hospital
With a pecked liver Dad
Reads through my report card

Konec básníka

Měřil jsem o dvě hlavy víc než Stalin
Obě dvě hlavy plné mýtů
A ze svých neprůhledných vnitřních krajin
Pouštěl jsem hejna kuřat v igelitu:
své verše tehdejší

Už mám jen jednu hlavu a páteř se mi sesedá
Držím se při zemi a žiji vesměs ze zvyku
A do svých otevřených vnitřních krajin vodím souseda
Na transparentní kuře v aspiku:
Své verše vezdejší

The End of a Poet

I was two heads taller than Stalin
Both heads full of myths
And from my opaque inner landscapes
I let out flocks of chickens in plastic bags:
My verses then

Now I have just one head and my spine is sagging
I keep low and live mostly out of habit
And into my open inner landscape I lead a neighbor
To taste a transparent chicken covered in aspic:
My verses now

Žižkovské večery
(otci)

Stejně ty večery už nikdo nevrátí
Tatínku v křesle: v opratích
Držíš svou rodinu a pantofle
Jak poklepáváš nohou
Ti drží jenom na palci

Dětství se táhne a najednou není
Bratr se chystá na školu a pak jde do učení
Málokdo zatleská za číslo s pantoflemi
Zřídkakdy máma potká Fortunu
Ve frontě na trička

A večer co večer přede rušička. . . .

Žižkov Evenings
(for my Father)

Still, those evenings will never return
Dad, you in the armchair: with reins
You hold your family and a slipper
As you shake your foot
Hangs only by your toe

Childhood is long and suddenly ends
Brother talks of college then goes to learn a trade
Few will clap for the slipper act
Mother rarely meets a Fortune
In a line for T-shirts

And night in night out
the radio gets jammed

Laskavá normalizace
(Blance)

Je pozdní odpoledne laskavého léta a ty jdeš
navštívit přítelkyni Nad pískovištěm svítí
prach a dvě holčičky v bílých ponožkách visí
na kovové konstrukci hlavou dolů jako květiny
normalizace.

Je pozdní odpoledne laskavého léta a strážný
v kukani Československého rozhlasu hlavu
na prsou klímá jako sedlák po senoseči
normalizace.

Je pozdní odpoledne laskavého léta a tak
řekneš své přítelkyni hlavu vzhůru a vracíš
se zase parkem kde dvě holčičky visí hlavou
dolů jako květiny v bílých ponožkách
normalizace.

Sweet Normalization
(to Blanka)

It's late afternoon of a sweet summer and you
visit a friend   Above the sandbox, dust
shines and two little girls in white socks hang
on iron bars upside down like two flowers of
normalization

It's late afternoon of a sweet summer and a guard
in the guard box of the Czechoslovak radio station lets his head fall
on his chest like a peasant after hay gathering of
normalization

It's late afternoon of a sweet summer and so
you tell your friend to keep her spirits up and you return
through the park where two little girls hang upside
down like two flowers in white socks of
normalization

Nárok na azyl

Jednou vím kudy jenomže nevím kam
Podruhé kam jenomže nevím kudy
A tak dnu za dnem utíkám
A ke vší bídě
Prý nemám nárok na azyl
Už ani v Atlantidě

The Right to an Asylum

Sometimes I know the way but not the destination
Or I know the destination but not the way
So I run from day to day
And what's worse
I heard I have no right to asylum
Even in Atlantis

Beerspective
(Janu Lopatkovi)

Koncem léta začátkem sedmdesátých
nebo osmdesátých let
vyšel jsem z Brčálky
což je hostinec ve čtvrti zvané Josefov
kde z mála slov vedl jsem
mnoho nejrůznějších řečí
zatímco opodál k zadnímu traktu
právnické fakulty
dorazil autobus s nimrody
po neposlední leči
a tak vešel jsem znovu do Brčálky
kde koncem léta
začátkem sedmdesátých
nebo osmdesátých let
obrácená sklenice je triedr
kterým lze blízké vidět zdálky

Beerspective
(for Jan Lopatka)

Towards the end of the summer beginning in the seventies
or eighties
I stepped out of Brčálka
a pub in the part of town called Josefov
where with few words
I babbled much
while far at the back
of the Law School
a bus arrived full of hunters
back from the latest hunt
so I strode back into Brčálka
where towards the end of the summer beginning in the seventies
or eighties
a turned-up glass is a telescope
in which you can see the near from afar

Na útěku

Za chvíli naloží horlivý popelář
Pět švestek / peřiny / psací stroj / snář
Zažloutlé zrcadlo / bednu knih / holení
Tak už jsme před domem narychlo sbaleni

Teď pěkně potajmu
Zapřáhnu dřevěného koně
A v novém podnájmu
Zas nad majetkem skloněn

Vybalím peřiny / psací stroj / snář
Zažloutlé zrcadlo / bednu knih / holení
Zadek dám peřinám / zrcadlu tvář

Nad psacím strojem oddám se své lstivé zahálce

Účty se hromadí ve žluté obálce
Co živ už nesplatím ale daň z prodlení

On the Run

Soon the impassioned garbage man will load
all our riches some sheets/a typewriter/a dream book
A yellow mirror/a box of books/my shaving things
So we're quickly packed in front of the house

Now I will secretly
Hitch a wooden horse
And under new rent
Bend over my property

Unpack some sheets/a typewriter/a dream book
A yellow mirror/a box of books my shaving things
Give my ass to the sheets/the mirror my face

Above the typewriter lend myself to deceitful idling

Bills are growing in a yellow envelope
And for the life of me I'll never pay the late fees

Dechová cvičení

Inu jste kuřák ale rád se od plic zasmějete
Ovšem tím že se zasmějete donutíte zároveň
Plíce ke kašli
Což vaši ženu tuze zarmucuje
Inu jste kuřák ale svou ženu milujete
Ovšem tím že ji milujete podléháte zároveň
Jejím zdravotním příkazům
Což vaši ženu tuze rozradostňuje
Inu jste kuřák ale provádíte pod jejím dohledem
Dechová cvičení
Ovšem tím že je provádíte míváte občas sny
V nichž vás vaše žena dusívá polštářem
Inu jste kuřák ale probouzíte se vždy neudušený
A svým snům se vždy rád od plic zasmějete

P.S.
Zkuste tuto báseň přečíst
na jedno nadechnutí

Breathing Exercises

So you're a smoker and you like to laugh heartily
but by laughing you force
your lungs to cough
which greatly grieves your wife
So you're a smoker but you love your wife
and by loving your wife you must submit to her
medicinal demands
which greatly pleases your wife
So you're a smoker but you practice under her supervision
breathing exercises
and by doing so you sometimes have dreams
in which your wife smothers you with a pillow
So you're a smoker but you never awake suffocated
and your dreams always make you laugh heartily

P. S.
Try reading this poem
in one breath

Archimédův zákon
(Vinohrady, 3. 4. 1980)

Tak přece a právě dneska Archimede
Je ti 40 a za oknem máš pažitku
A ještě dál školní dvorek přede
A ještě blíž křečová žíla štěká na lýtku

Tak přece ale proč právě dneska bezvěrče
Na písku ječí přestárlé holky z osmičky
A střílejíce vleže do terče
Ruší své kruhy . . . zešišacené do smyčky?

The Law of Archimedes
(Vinohrady, 4. 3. 1980)

So really this very day, Archimedes,
you're 40 and chives grow in your window
and farther off a schoolyard purrs
and nearer by a clotted vein barks in your calf

So really but why today, faithless one,
are overgrown girls from eighth grade screaming from a sandbox
lying down and shooting a target
disturbing your circles . . . sagged into a noose

Že

Že tolikrát se divil volným veršem
že rybník opadává a zároveň kvete
že na břehu jeho čtyřiceti
ráno voní životem a večer smrdí smrtí. . . .

That

That many times he considered in free verse
that the pond wilts and blooms at once
that on the shore of his forties
his mornings smell of life and evenings stink of death

Adamova žena

Procitla vprostřed rajské zeleně
když had jí podal taj. přís. dův.
zprávu kde stálo cosi proti Adamovi

Z lásky a strachu z jistých míst
spálila téhož rána Adamův
fíkový list

(Obsahoval jen nečitelné poznámky
o počasí
a monogamní lásce

plus školáckou studii jablka
s anatomickou kresbou ohryzku
kterou A.
z pochopitelných příčin nemínil
uvolnit ještě do tisku)

Adam's Wife

She awoke in the midst of edenic greenery
When the snake handed her a v. s. c. m.
(Very Secret Confidential Message)
 Which contained something against Adam

From love and fear of certain authorities
That morning Eve burned Adam's
Fig leaf

(It contained only unreadable notes
on weather
and monogamous love

plus a sketchy study of an apple
with an anatomical sketch of an Adam's apple
which Adam would not
for understandable reasons
yet release into print)

Sisyfova žena vzpomíná
(Janovi a Božence Skácelovým)

Byl trochu naměkko jako by znal už trest
den před tím dnem kdy zprotivil se bohům
A jemný byl: kamínek vyklepal mi ze sandálu
a vymrštil jej prakem za oblohu
a vzpomínal jak s chlapci hrával drápky
a oblázky jak vytloukával z důlků
a jemný byl: nedbaje proudu ani lávky
z balvanu na balvan mne přenášel
a jinde kameny zas navršil a daroval mi most
a mluvil o čase a co když ten lidský dar ztratí
a já se hloupá ptala jaký dar
a on mi odpověděl: smrtelnost

The Wife of Sisyphus Remembers
(for Boženka and Jan Skácel)

He was a little soft as if he knew the punishment
A day before the gods turned on him
And he was gentle: and shook a pebble from my shoe
And slingshot it beyond the sky
And remembered how he played marbles as a boy
And tapped pebbles out of holes
And he was gentle: not minding the stream or footbridge
From rock to rock he carried me
And built me bridges of little stones
And he spoke of time and what if he should lose that human gift
And stupidly I asked what gift
And he replied: mortality

Homérova žena si stýská

Co s mužem který čeká na odliv
aby se vydal brázdou Odyssea?
Co s ženou které se jenom příliv vrací?
(Když usínám jsem voliéra
unášejí mne uvnitř uvěznění ptáci)

Ne já si nestýskám
neříkám ještě včera. . . .
A pláčem neslepnu
jako ten můj
když nad verši zrak ztrácí
a místo plachet má jen stůl

Ach nevěřte
on nikdy nevyplul

The Plaints of Homer's Wife

What's with a man who waits for the tide
To set out in the wake of Odysseus?
What's with a woman to which only the tide returns?
(When I drift asleep I'm an aviary
carried from inside by imprisoned birds)

No I don't miss him
I don't say "still yesterday. . . ."
And I don't go blind with tears
Like him
Who above his verses is losing his sight
And has only a table instead of sails

Oh don't believe him
He never set sail

Démosthenova žena mluví v zlosti

Jó ten vám uměl držet jazyk
za zuby a zuby za rty
a raděj vlastní ukazovák
do vlastní řitě vstrčil by
než by jím ukázal na rub
té skvělé karty
kterou vždy bohům platíval
a tím získával úlitby

A řečnil řečnil tak že překřičel
i hukot moře v přílivu
zato však nikdy šelest mého šatu . . .
ten koktavec s ústy plnými oblázků
jenž sám nad sebou žasl
v němém obdivu
ten svislík můj a promiňte mi rým—
mim plédující pro lásku!

The Wife of Demosthenes Speaks in Anger

Oh he knew how to keep his tongue
behind his teeth and his teeth behind his lips
and he would rather insert his index finger
into his own orifice
than to point with it at the back
of that Gold Card
with which he paid the Gods
and for which he received libation

And he spieled and spieled so that he was louder
than the sea humming in the dock
yet never louder than the rustle of my gown . . .
that stammerer with a mouth full of pebbles
who was agape at himself
in mute wonder
that limp dick of mine—and excuse the rhyme—
a mime orating for love

Galileova žena

Ze samé lásky raději zachová se podle
raději práskne dalekohled

Ne Galileo!

Sama sesmolí udání a s bázní přiloží
ten zrádný předmět doličný

Vždyť ten obcoval s Lunou
ten tryjédr ten falus
který k nebi ční. . . .

Ne Galileo!

Což podepsat i před koncilem může
svou vlastní krví měsíční

Galileo's Wife

From sheer love she'll rather be rash
and blame the telescope

Not Galileo!

She herself will cobble together an accusation
and fearfully include
that treacherous evidence

It made love to the moon
that spyglass, that phallus
rising towards the sky. . . .

Not Galileo!

She can sign it all before the tribunal
in her own lunar blood

Houpací Trojský kůň

Děti se houpají na Trojském koni
Děti se věčně ptají
Město je věčně plné praporů
Děti se věčně ptají proč
Ale co asi se něco slaví říkáte a ony
Na povšechnou otázku žádají zcela určitou odpověď
Zcela určitě se něco slaví říkáte ale co to

Prapory zničehonic zmizí
Žerdě naprázdno skřípou
Děti poznají váš neklid
Poznají že jim něco tajíte
U večeře to skřípe
V noci vás skřípající postel
Obrací z boku na bok ale co to
Ráno je město plné praporů
A vy se ptáte proč
A děti vás houpají na Trojském koni

The Rocking Horse

The children rock on a wooden horse
The children are always questioning
The city's always full of flags
The children always ask why
So I guess they're celebrating you say and they
Demand a definite answer
It's definitely a celebration you say but what's this

The flags are gone
The hollow poles creak
The children see your unease
They see you are hiding something
At dinner the silence creaks
At night your creaking bed
Turns you from side to side but what's this
In the morning the city's full of flags
And you ask why
And the children rock you on a Trojan horse

A vy si nepoložíte otázku?

A vy si nepoložíte otázku
Proč tento křičící racek
Zdánlivě nikdy nespí?
A vy si nepoložíte otázku
Proč máte s vaší paní
Tak naprosto rozdílná
Do sebe zapadající a osamělá těla?

A vy si nepoložíte otázku
Proč napadal černý sníh
A tato stařena tlačí ulicí kočárek pro panenku?

A vy si nepoložíte otázku
Proč v kočárku hýčká bláznivé
Porcelánové dítě?

A vy si nepoložíte otázku
Proč černý sníh mrazem okoral
A jiná stařena tlačí ulicí
Kočárek pro panenku?
A vy si nepoložíte otázku
Proč v kočárku hýčká brikety
Posbírané u chodníku?
A vy si nepoložíte otázku
Proč tento křičící racek
Zdánlivě nikdy nespí?

And You Won't Ask?

And you won't ask
why this screeching sea gull
seems never to sleep?
And you won't ask
why you and your wife have
such completely different
well-fitted and lonely bodies?

And you won't ask
why grey snow fell
and this old woman pushes
a toy stroller down the street?

And you won't ask why she stops from time to time to dote
on a wild-eyed porcelain child?

And you won't ask
why the snow got stale with frost
and another old woman
is pushing a toy stroller?
And you won't ask why she dotes
from time to time on a stone briquette
gathered from beside the street?
On the embankment where one screeching seagull
blends with the flock, the fog,
and seems never to sleep?

Bázeň

Býval jsem rytíř bez básně a hany
Teď jednou týdně veršík mám a nevím je-li osudný
Či ostudný a proto náhle vylekaný
Jsem jako dítě které s bázní
Kamínek hodí do studny
A přeslechne když zazní. . . .

Fear

I used to be a knight in rhyme-proof armor
But now I write a verse a week and don't know if it's fateful
Or shameful and suddenly scared
I'm like a child that haltingly
Throws a pebble in a well
And doesn't hear its sound. . . .

Čas
(Antonínu Brouskovi)

Nebude znovu padat se stejným deštěm stejný sníh
Nevstoupíš dvakrát do téhož hostince
Nepopálíš si prsty víckrát od koblih
Kradených z kastrolu za zády maminec
Na prošlapaném linoleu už znovu nevyrazí kvítka
Sotva dokončíš originál stane se pouhou kopií. . . .

Tak dospělost lyrika navštíví teprve když je pozdě
A naštěstí jen zřídka
A kromě času všechno pomíjí

Time
(for Antonín Brousek)

Never again will the same snow fall with the same rain
You will never step into the same pub twice
You will never burn your fingers on cookies
Stolen from a plate behind your mother's back
On worn linoleum no floral pattern blooms again
Barely finished an original becomes mere imitation

So adulthood visits a poet only when it's too late
Luckily seldom
And except for time everything passes

pg. 14

Novák is the most common Czech last name, or at least is perceived as such by most Czechs. This is why Šrut calls his everyman either N. or the whole name Novák. N. can also be the *neznámá* or unknown in a mathematical equation. In the translations I used Novak, the whole name, without diacritics.

pg. 18

To "weave" a child is a direct translation of a Czech phrase meaning to give birth to a child. I translated it literally, since it sounds better than to "make" or "give birth to," and usually seems to be understood correctly by English speakers.

pg. 28

The italicized section is a quote from Dylan Thomas's "Twenty-four Years."

pg. 62

The name of this collection of poetry is *Papírové Polobotky*, or *Paper Shoes*, which is a refrence to the (now mostly unpracticed) eastern European custom of burying the dead in shoes made of cardboard. The reason for this is quite practical: shoes are expensive and the dead seem to require them the least of their post-mortal possessions.

pg. 68

The Czech equivalent of going from "worse to worst" is going from "10 to 5" or "5 to 1." The Czech phrase evokes the eternally diminishing returns of Sisyphus's labors.

pg. 94

The monument referred to in this poem was a huge statue dedicated to the communist leader Stalin; it stood on a hill above the Vltava River in Prague during the 1950s. There was no eagle on this monument except that Stalin himself was a bird of prey, a tormentor of Promethean aspirations.

pg. 101

After the Prague Spring in 1968, during which communism was relaxed in the Czech Republic, Soviet tanks rolled into Prague, starting the period known as Normalization. Alexandr Dubček, the president, was removed from office and replaced by Gustáv Husák. Censorship was renewed, many lost their jobs, and both political and non-political organizations were dispersed in order to end the Prague Spring.

pg. 104

Brčálka was a famous dissident pub in Josefov, a section of Prague's old town. It was named after its bog-green color.

pg. 106

In the second line of "On the Run," "pět švestek," which literally means "five plumbs," is translated as "all our riches." To pack your "five plumbs" simply means to pack all your meager belongings.

pg. 114

In Czech, "ohrizek" can mean the core left after an apple has been eaten, as well as the larynx, or Adam's apple.

pg. 116

To be "soft" (or *naměkko*) is a more or less direct translation of a word used to denote sentimentality, or a state of being easily moved.

pg. 124

The "celebration" referred to in this poem is understood to be a communist state celebration.

pg. 128

The Czech words for poem and fear are very similar (báseň and bázeň, respectively.) A knight is often referred to as being without "fear or shame," which Šrut turns into "poetry or shame."

Pavel Šrut was born in 1940 in Prague. He dropped out of Charles University because, as he says, he "preferred pubs and writing poetry." By August of 1968, when the Soviet Union invaded Czechoslovakia, he'd published three collections of verse, and was counted among the "official" poets of the country, a status he resolutely rejected after the invasion. For the next twenty years, his dissident status unambiguous and so his own verse unpublished, he translated Dylan Thomas, D. H. Lawrence, Robert Graves, and Leonard Cohen, among others. In 1987, towards the end of the period called "Normalization," Šrut, as he puts it, was "kidnapped" by William Luers, the former U.S. ambassador, which is to say that Šrut was secured a place in Iowa's International Writing Program. After traveling across the U.S., from New York to San Francisco, Šrut decided not to remain in America, but to return to Czechoslovakia where, in a couple of years, he was among the prime movers of what is called in the West the Velvet Revolution. After 1989, Šrut managed "to avoid official posts" in Václav Havel's, his friend's, government, and, as he puts it, "published a few books, received some prizes." During the twenty years Šrut was silenced as a poet in the official press, he was active in the underground literary-dissemination networks called "samizdat." His many samizdat published books of poetry from the 60s, 70s and 80s most notably include *Přestupný Duben* (*Leap April*, 1978 samizdat, 1989 Mnichov), *Malá Domů* (*Little One Home*, 1979 and 1981 samizdat, 1989 Mnichov). A complete collection of his samizdat poetry was published as *Brožované Básně* (*Samizdat Poems*, TORST 2000). His post-revolution work includes *Zlá Milá, Scénář Básně* (*Evil Love, A Screenplay in Poems*, TORST 1997), a book of feuilletons, *Konzul v Afrikánech* (*A Consul in the Marigolds*, Mladá fronta 2001) and *Papírové Polobotky* (*Paper Shoes*, Mladá fronta 2001.)

Ema Katrovas was born in Prague, Czech Republic, in 1990. For most of her childhood, she traveled between Prague and New Orleans with her parents and sibling, attending both Czech and American schools. She has spent her summers in the midst of the Prague Summer Program, a creative writing and cultural-studies program for American students. She currently studies Music and English at Western Michigan University.